भारत - त्योहारों की भूमि
Bharat - Tyohaaron Ki Bhoomi
India - The Land Of Festivals

INTRODUCTION

हालाँकि भारत कई धर्मों की भूमि है, लेकिन अधिकतर लोग हिंदू, सिख, बौद्ध, जैन, इस्लाम और ईसाई धर्म मनाते हैं। दुनिया भर में रहने वाले भारतीय लोगों द्वारा मनाए जाने वाले कुछ प्रमुख त्योहार कब क्यों और कैसे मनाए जाते हैं, आइए जानते हैं।।

Haalaanki Bhaarat kayi dharmon ki bhoomi hai, lekin adhiktar log Hindu, Sikh, Bauddh, Jain, Islaam aur Eesaee dharm manate hain.
Duniya bhar mein rahnewale bhaaratiye logon dvaara manae jaane wale kuchh pramukh tyohaar kab, kyon aur kaise manaaye jaate hain, aayiye jaante hain.

Welcome! Have some laddoos and dive into the book!

While India is a land of many religions, those practiced by most include Hinduism, Sikhism, Buddhism, Jainism, Islam, and Christianity. Let's learn the what, when, why, and how of some major festivals celebrated by Indians living around the world.

TABLE OF CONTENTS

MONTH	FESTIVAL	PAGE
January (जनवरी)	Makar Sankranti	4
	Uttarayan	5
	Pongal	6
	Lohri	7
January - February (जनवरी - फ़रवरी)	Basant Panchami	8
February - March (फ़रवरी - मार्च)	Maha Shivratri	9
February - April (फ़रवरी - अप्रैल)	Ramadan, Eid-Al-Fitr	10-11
March (मार्च)	Holi, Hola Mohala	12-13
April (अप्रैल)	Easter	14
	Vaisakhi	15
	Mahavir Jayanti	16

May (मई)	Buddha Jayanti	17
May - June (मई - जून)	Eid-Al-Adha	18
July-August (जुलाई - अगस्त)	Rakhi	19
August (अगस्त)	Janmashtami	20
August-September (अगस्त - सितंबर)	Ganesh Chaturthi	21
	Paryushan	22
	Onam	23
September-October (सितंबर - अक्टूबर)	Navratri	24-25
	Dussehra	24-25
	Durga Puja	26
October-November (अक्टूबर - नवंबर)	Diwali	27-30
	Bandi Chhor Diwas	31
November (नवंबर)	Gurpurab	32
December (दिसंबर)	Christmas	33

Makar Sankranti मकर संक्रांति

January

भारत के अलग अलग राज्यों के हिंदू, फसल कटाई के इस त्योहार को अनोखे नामों और रीति-रिवाजों के साथ मनाते हैं। लोग भरपूर फसल के लिए प्रकृति को धन्यवाद करते हैं। प्रार्थना करना, नाचना और पतंग उड़ाना इस त्योहार के कुछ आम रिवाज हैं।

Bhaarat ke alag alag raajyon ke Hindu, phasal kataii ke is tyohaar ko anokhe naamon aur reeti-rivaajon ke saath manaate hain. Log bharpoor phasal ke liye prakrti ko dhanyavaad karte hain. Prarthanaa karnaa, naachanaa, aur patang udaanaa is tyohaar ki kuch aam rivaaj hain.

Ten unique names across different states of India -
- Khichdi Parv (Uttar Pradesh and Bihar)
- Lohri (Punjab)
- Makara Chaula (Odisha)
- Maghi Sankrant (Maharashtra and Haryana)
- Magh Bihu, Bhogali Bihu (Assam)
- Pongal (Tamil Nadu)
- Poush Sôngkrānti (Bengal)
- Suggi Habba (Karnataka)
- Pedda Pandaga (Andhra Pradesh and Goa)
- Uttarayan (Gujarat)

Hindus from different states of India celebrate this festival of harvest with unique names and rituals. People thank mother nature for abundant crops. Praying, dancing, and kite flying are some traditions of this festival.

Uttarayan उत्तरायण

January

गुजरात राज्य के हिंदू, सूरज के उत्तर की ओर बढ़ने का उत्सव मनाते हैं। यह रंगीन पतंगों का उत्सव सर्दियों के मौसम के अंत का प्रतीक है।

Gujarat rajya ke Hindu sooraj ke uttar ki or badhane ka utsav manaate hain. Yeh rangeen patangon ka utsav sardiyon ke mausam ke ant ka prateek hai.

Hindus from the state of Gujarat celebrate the northern movement of the Sun. This colorful kite festival marks the end of the winter season.

Pongal पोंगल   January

तमिल हिंदू, फसल के मौसम का यह त्योहार चार दिनों तक मनाते हैं। इस त्योहार का नाम गुड़ से बने मीठे चावल के पकवान से लिया गया है, जिसे पोंगल कहा जाता है।

Tamil Hindu, phasal ke mausam ka yeh tyohaar chaar dinon tak manaate hain. Is tyohaar ka naam gud se bane meethe chawal ke pakvaan se liya gaya hai, jise Pongal kaha jata hai.

Tamil Hindus celebrate this harvest season festival over four days. The festival takes its name from a sweet rice dish made with jaggery called Pongal.

Lohri लोहड़ी

January

पंजाब के सिख और हिंदू यह त्योहार मनाते हैं। यह सर्दियों के मौसम के अंत में फसलों को काटकर और अलाव जलाकर मनाया जाता है। लोग गिद्दा और भांगड़ा करते हुए पॉपकॉर्न, तिल और मूंगफली अलाव में फेंकते हैं।

Punjab ke Sikh aur Hindu yeh tyohaar manaate hain. Yeh sardiyon ke mausam ke ant mein phasalon ko kaatkar aur alaav jalaakar manaayaa jaataa hai. Log giddha aur bhangra karte hue popcorn, til aur moongaphalee alaav mein phenkate hain.

Sikhs and Hindus from Punjab celebrate this festival. It is observed in the winter season by harvesting the crop and lighting a bonfire. People throw popcorn, sesame, and peanuts into the bonfire while performing giddha and bhangra.

Basant Panchami बसंत पंचमी

January - February

हिन्दू रंग बिरंगे पतंगों के उत्सव के साथ बसंत की शुरुआत का त्योहार मनाते हैं। लोग पीले कपड़े पहनते हैं और घरों को पीले फूलों से सजाते हैं। वे ज्ञान, संगीत और कला की देवी सरस्वती की पूजा करते हैं।

Hindu rang birange patango ke utsav ke saath basant ki shuruaat ka tyohaar manaate hain. Log peeley kapade pahante hain aur gharon ko peeley phoolon se sajaate hain. Ve gyaan, sangeet aur kala ki Devi Saraswati ki puja karate hain.

Hindus celebrate the beginning of spring with this colorful kite festival. People wear yellow clothes and decorate their homes with yellow flowers. They worship Goddess Saraswati, Goddess of knowledge, music, and art.

Mahashivratri महाशिवरात्रि

February - March

हिंदू भगवान शिव का सम्मान करते हैं, जो परिवर्तन और ध्यान के देवता हैं। यह त्योहार भगवान शिव और देवी पार्वती के विवाह का उत्सव मनाता है। यह नई शुरुआत के साथ अतीत पर विजय पाने का भी प्रतीक है। भक्त उपवास, प्रार्थना, और ध्यान करते हैं।

Hindu bhagwaan Shiv ka sammaan karte hain, jo parivartan aur dhyaan ke devata hain. Yeh tyohaar bhagwaan Shiv aur Devi Parvati ke vivaah ka utsav manaataa hai. Yeh nayi shuruaat ke saath ateet par vijay paane ka bhi prateek hai. Bhakt upvaas, praarthana, aur dhyaan karte hain.

Hindus honor Lord Shiva, God of transformation and meditation. This festival celebrates the wedding of Lord Shiva with Goddess Parvati. It also symbolizes overcoming the past with new beginnings. Devotees observe fast, pray, and meditate.

Ramadaan रमज़ान

February-April

मुसलमान निस्वार्थ कार्यों और अपने विकास पर ध्यान देते हुए एक महीने तक रोज़ा रखते हैं। रोज़ा सुबह से शाम तक, सुहूर से इफ्तार तक, बिना खाये पिए किया जाता है। परिवार और दोस्त नमाज़ पढ़ने, और अपना रोज़ा तोड़ने के लिए इकट्ठा होते हैं।

Musalamaan nihsvaarth kaaryon aur apne vikaas par dhyaan dete hue ek maheene tak roza rakte hain. Roza subah se shaam tak, suhoor se iftar tak kiya jaata hai. Parivaar aur dost namaaz padhane, aur apana roza todane ke liye ikattha hote hain.

Muslims fast for a month, focusing on selfless actions and their growth. Fasting is done from dawn to dusk, suhoor (pre-dawn meal) to iftar (fast-breaking meal at sunset). Family and friends gather to pray and break their fast.

Eid-al-Fitr ईद-अल-फ़ितर

February-April

एक मुस्लिम त्योहार जो रमज़ान के अंत का प्रतीक है। रोज़ा के बाद सभी नए कपड़े पहनकर, भोजन के लिए इकट्ठा होते हैं। बच्चों को अनोखे उपहार मिलते हैं जिन्हें ईदी कहा जाता है।

Ek Muslim tyohaar jo Ramazaan ke ant ka prateek hai. Roza ke baad, sabhi naye kapde pehenkar, bhojan ke liye ikattha hote hain. Bachchon ko anokhe upahaar milte hain jinhen Eidee kuhaa jata hai.

Eid Mubarak!

A Muslim festival that marks the end of Ramadan. After fasting everyone gathers together for meals, wearing new clothes. Kids get unique gifts called Eidee.

Holi होली

March

रंगों का एक हिंदू त्योहार जो राधा कृष्ण के प्रेम का उत्सव मनाता है। होली से एक रात पहले लोग बुराई पर अच्छाई की जीत के प्रतीक के रूप में अलाव जलाकर होलिका दहन मनाते हैं। होली के दिन लोग एक-दूसरे पर रंगीन गुलाल लगाते हुए पिचकारी और पानी के गुब्बारों से खेलते हैं।

Rangon ka ek Hindu tyohaar jo Radha Krishan ke prem ka utsav manaata hai. Holi se ek raat pehle log burai par achchhai ki jeet ke prateek ke roop mein alaav jalaakar Holika Dahan manaate hain. Holi ke din log ek-doosare par rangeen gulal lagate hue pichkari aur pani ke gubbaaron se khelate hain.

A Hindu festival of colors that celebrates love of Radha Krishna. The night before Holi, people celebrate Holika Dahan with a bonfire to symbolize the triumph of good over evil. On Holi, people play with water guns (pichkari)" and water balloons while putting colorful powder (gulaal) on each other.

Hola Mohalla होला मोहल्ला

March

पंजाब के आनंदपुर साहिब के सिख साहस और वीरता के सम्मान में होली को तीन दिनों के त्योहार के रूप में मनाते हैं। सिख पारंपरिक नीले वस्त्र पहनते हैं, नकली लड़ाई, और घुड़सवारी करते हैं।

Punjab ke Anandpur Sahib ke Sikh, saahas aur veerataa ke sammaan mein Holi ko teen dinon ke tyohaar ke roop mein manaate hain. Sikh paaramparik neele vastr pahanate hain, nakalee ladaee, aur ghudasavaaree karte hain.

Sikhs from Anandpur Sahib in Punjab celebrate Holi as a three-day festival honoring courage and bravery. Sikhs dress in traditional blue robes, conduct mock fights, and perform horse riding.

Easter ईस्टर

April

एक ईसाई त्योहार, जो गुड फ्राइडे के साथ चालीस दिन के उपवास के अंत का प्रतीक है। तीन दिन बाद परिवार रविवार को प्रार्थनाओं और खाने के साथ यीशु के पुनर जन्म का उत्सव मनाते हैं।

Ek Eesaee tyohaar, jo Good Friday ke saath chaalis din ke upavaas ke ant ka prateek hai. Teen din baad parivaar Ravivaar ko praarthanaon aur bhojan ke saath Yeshu ke punar janm ka utsav manaate hain.

A Christian festival that marks the end of Lent, a forty-day period of fasting, with Good Friday. Three days later families celebrate the resurrection of Jesus on Easter Sunday with prayers and food.

Vaisakhi वैसाखी

April

पंजाब राज्य के हिंदू और सिख इस फसल काटने के त्योहार को, और नए साल के उत्सव को मनाते हैं। यह गुरु गोबिंद सिंह द्वारा खालसा पंथ की स्थापना का भी प्रतीक है। लोग पूजा के स्थानों को सजाते हैं, कीर्तन में भाग लेते हैं, परेड के लिए सड़कों पर इकट्ठा होते हैं, और भांगड़ा करते हैं।

Punjab rajya ke Hindu aur Sikh is phasal kaatne ke tyohaar ko, aur naye saal ke utsav ko manaate hain. Yeh Guru Gobind Singh dwara khalsa panth ki sthapna ka bhi pratik hai. Log puja ke sthaanon ko sajaate hain, kirtan mein bhaag lete hain, parade ke liye sadakon par ikatthaa hote hain, aur Bhangra karte hain.

Hindus and Sikhs from the state of Punjab celebrate this harvest festival, and the new year. It also marks the foundation of Khalsa Panth by Guru Gobind Singh. People decorate places of worship, participate in kirtans, gather on the streets for parades, and perform bhangra.

Mahavir Jayanti महावीर जयंती

April

जैन उनके धर्म के आखिरी संत, महावीर के जन्म का उत्सव मनाते हैं। भक्त, महावीर की मूर्ति को स्नान कराते हैं और उसे जुलूस के लिए पालने में ले जाते हैं। लोग उपवास के साथ जैन धर्म के उपदेशों पर ध्यान करते हैं।

Jain unke dharm ke aakhiri sant, Mahaavir ke janm ka utsav manaate hain. Bhakt, Mahaavir ki murti ko snaan karaate hain aur use juloos ke liye paalne mein le jaate hain. Log upvaas ke saath Jain dharm ke upadeshon par dhyan karte hain.

Jains celebrate the birth of their last saint, Mahavir. Devotees give a bath to an idol of Lord Mahavir and carry it in a cradle for a procession. People focus on preachings of Jainism along with fasting.

Buddha Jayanti बुद्ध जयंती

May

बौद्ध अपने धर्म के निर्माता, बुद्ध, के जन्म का उत्सव मनाते हैं। लोग ध्यान, अहिंसा और सभी का सम्मान करने की बौद्ध शिक्षाओं का पालन करते हैं। । हिंदुओं से विपरीत, जैन और बौद्ध, सर्वोच्च भगवान में विश्वास नहीं करते हैं। हालांकि, वे सभी अपने कर्म के आधार पर पुनर जन्म में विश्वास करते हैं।

Bauddh apne dharm ke nirmata, Buddha ke janm ka utsav manaate hain. Log dhyaan, ahinsaa aur sabhee ka sammaan karane ki Bauddh shikshaaon ka paalan karate hain. Hinduon se vipreet, Jain aur Bauddh, sarvochch bhagvaan mein vishwaas nahin karte hain. Halanki, ve sabhi apne karm ke aadhaar par punar janm mein vishwaas karte hain.

Buddhists celebrate the birth of Buddha, the creator of Buddhism. People practice Buddhist teachings of meditation, non-violence and being respectful of all. Unlike Hindus, Jains and Buddhists do not believe in a supreme God. However, they all believe in reincarnation based on one's karma.

Eid-Al-Adha   ईद अल आधा

May - June

तीन दिनों का एक मुस्लिम त्योहार जो हज, मक्का की तीर्थ यात्रा के अंत का प्रतीक है। कुरबानी और गरीबों को दान देना इस जश्न का एक ज़रूरी हिस्सा है। लोग सलाह के लिए बड़े सामुदायिक समारोहों में भाग लेते हैं और दावतों का आनंद लेते हैं।

Teen dino ka ek muslim tyohaar jo Hajj, makka ki teerth yatra ke ant ka prateek hai. Qurbaani aur garibon ko daan dena is jashn ka ek zaroori hisaa hai. Log salaah ke liye bade saamudayik samaarohon mein bhaag lete hain, aur daavton ka anand lete hain.

A three day Muslim festival that marks the end of Hajj, pilgrimage to Mecca. Sacrifice and donations to the poor are an essential part of the celebrations. People attend large community gatherings for prayers, and enjoy feasts.

Rakshabandhan रक्षाबंधन

July - August

हिंदू, इस दिन भाई-बहनों के बीच के प्यार का उत्सव मनाते हैं। रिवाज के अनुसार, बहनें अपने भाई की कलाई पर राखी बांधती हैं और मिठाई परोसती हैं, और भाई अपनी बहनों को एक विशेष उपहार के साथ रक्षा करने का वादा करते हैं।

Hindu, is din bhai-bahanon ke beech ke pyaar ka utsav manaate hain. Rivaaj ke anusaar, bahanen apne bhai ki kalai par rakhi baandhati hain aur mithaai parosti hain, aur bhai apni bahanon ko ek vishesh uphaar ke saath rakshaa karne ka vada karte hain.

Hindus celebrate the love between siblings on this day. Traditionally, sisters tie a decorated thread on their brother's wrist and serve sweets, and brothers promise to protect their sisters along with a special gift.

Janmashtami   जन्माष्टमी

August

हिंदू, भगवान कृष्ण के जन्म का उत्सव मनाते हैं। भक्त भगवान कृष्ण की मूर्ति को पंचामृत से स्नान कराते हैं और उत्सव में छप्पन भोग चढ़ाते हैं। लोग मंदिरों और सड़कों को रोशनी और फूलों से सजाते हैं। भक्त भजन कीर्तन करते हैं। लोग भगवान कृष्ण की मक्खन चुराने वाली बचपन की कहानियों का अभिनय करते हुए दही हांडी तोड़ने की प्रतियोगिता करते हैं।

Hindu, bhagvaan Krishn ke janm ka utsav manate hain. Bhakt bhagvaan Krishn ki moorti ko panchamrit se snaan karaate hain aur utsav mein chhappan bhog chadhate hain. Log mandiron aur sadkon ko roshni aur phoolon se sajaate hain. Bhakt bhajan keertan karate hain. Log bhagavaan Krishn ki makkhan churaane vaale bachapan ki kahaaniyon ka abhinay karate hue dahi haandi todane ki pratiyogita karate hain.

Hindus celebrate the birth of Lord Krishna. Devotees bathe the idol of Lord Krishna with panchamrit and offer chhappan bhog. People decorate temples and streets with lights and flowers. Devotees sing bhajans and perform kirtans. People have competitions to break the dahi handi as they enact Lord Krishna's butter-stealing childhood stories.

Ganesh Chaturthi गणेश चतुर्थी

August - September

हिंदू, भगवान गणेश के जन्म का उत्सव मनाते हैं, जो समृद्धि और बाधाओं को दूर करने के देवता हैं। लोग घर, मंदिरों या पंडालों में भगवान गणेश की मूर्ति बनाते और सजाते हैं। भक्त दस दिनों तक भोग चढ़ा के, आरती और नृत्य करके प्रतिमा की प्रार्थना करते हैं। इस त्योहार के अंत में, वे मूर्ति को पानी में डुबो कर गणेश विसर्जन करते हैं।

Hindu, bhagvaan Ganesh ke janm ka utsav manaate hain, jo samriddhi aur baadhaaon ko dur karne ke devataa hain. Log ghar, mandiro ya pandalo mein bhagvaan Ganesh ki murti banaate aur sajaate hain. Bhakt das dinon tak bhog chadha ke, aarti aur nritya karke pratimaa ki praarthanaa karte hain. Is tyohaar ke ant mein, ve murti ko pani mein dubo kar Ganesh Visarjan karte hain.

Ganapati Bappa Morya!

Hindus celebrate the birth of Lord Ganesha, God of prosperity and remover of obstacles. People create and decorate a statue of Lord Ganesha at home, temples, or pandals. Devotees pray to the statue for up to ten days by offering food, performing aarti, and dancing. At the end of this festival, they perform Ganesh Visarjan by immersing the statue in the water.

Paryushan पर्यूषण

August - September

जैन इस आठ से दस दिनों के त्योहार को आत्म शुद्धि, क्षमा और मोक्ष के लिए मनाते हैं। वे जैन धर्म के सिद्धांत - अहिंसा, शांति और सरल जीवन का अभ्यास करते हुए ध्यान और उपवास करते हैं।

Jain is aath se das dinon ke tyohaar ko aatma shudhi, kshama aur moksh ke liye manaate hain. Ve jain dharm ke siddhant - ahinsaa, shanti, aur saral jeevan ka abhyas karte hue dhyan aur upvaas karte hain.

Jains celebrate this eight-to-ten day festival for self-purification, forgiveness, and salvation. They meditate and fast while practicing principles of Jainism - non-violence, peace, and simple life.

Onam ओणम

August - September

केरल राज्य के हिन्दू, चावल की फसल की अच्छी उपज के लिए दस दिन ये त्योहार मनाते हैं । इस त्योहार से नए साल की शुरुआत भी होती है । भक्त प्रार्थना करते हैं, पुक्कलम बनाते हैं, और ओणम सद्या नामक छब्बीस प्रकार के पकवानों की दावत तैयार करते हैं । वे वल्लमकली, पुलिकाली, और कथकली का भी आनंद लेते हैं ।

Keral rajya ke Hindu, chaawal ki phasal ki acchi upaj ke liye das din yeh tyohaar manate hain. Is tyohaar se naye saal ki shuruaat bhi hoti hai. Bhakt praarthana karte hain, pukkalam banate hain, aur Onam Sadya namak chhabbees prakaar ke pakwaanon ki davat taiyaar karte hain. Ve vallamkali, pulikali, or kathakali ka bhi anand lete hain.

Hindus from the state of Kerala celebrate this ten day festival for the harvest of a good rice produce. This festival is also the beginning of the new year. Devotees perform prayers, make pookkalam , and prepare a feast of twenty-six types of dishes called Onam Sadya. They also enjoy vallamkali, pulikali, and kathakali.

Navratri नवरात्री

September - October

यह नौ दिवसीय हिंदू त्योहार देवी दुर्गा के नौ अलग-अलग रूपों और उनकी स्त्री शक्ति का उत्सव मनाता है। भक्त उपवास और प्रार्थना करके उत्सव मनाते हैं। रात में, कई लोग गरबा और डांडिया के लिए बड़े समारोहों में भाग लेते हैं। जो लोग उपवास करते हैं वे अष्टमी या नवमी को कंजक करके अपना उपवास तोड़ते हैं। इसमें छोटी लड़कियों की देवी दुर्गा के रूप में पूजा करके हलवा, पूरी, चने परोसते हैं।

Yeh nau divasiya Hindu tyohaar Devi Durga ke nau alag-alag rupon aur unki stri shakti ka utsav manata hai. Bhakt upavaas aur praarthana karake utsav manaate hain. Raat mein, kayi log garba aur daandiya ke liye bade samaarohon mein bhaag lete hain. Jo log upvaas karte hain ve ashtami ya navmi ko kanjak mana kar apnaa upvaas todte hain. Isamein chhoti ladkiyon ki Devi Durga ke roop mein puja karke halwa, puri, chane paroste hain.

A nine day Hindu festival celebrating the different forms of Goddess Durga and their feminine power. Devotees celebrate by fasting and praying. At night, many attend large gatherings for garba and dandiya. Those who are fasting break their fast on either Ashtami or Navami with kanjak. It involves praying to little girls as a form of Goddess Durga and offering halwa, puri, and chana.

Dussehra (Vijayadashami) विजयदशमी

यह दसवां दिन है, जो हिंदुओं के लिए नवरात्रि के अंत का प्रतीक है। इस दिन राक्षस रावण पर भगवान राम की जीत का भी उत्सव मनाते हैं। लोग बुराई पर अच्छाई की जीत दिखाने के लिए रावण के बड़े पुतले जलाते हैं। लोग दिवाली की तैयारी शुरू कर देते हैं क्योंकि यह विजयादशमी के बीस दिन बाद आती है।

Yah dasavaan din hai, jo Hinduon ke liye Navratri ke ant ka pratik hai. Is din rakshas Ravan par bhagwan Ram ki jeet ka bhi utsav manate hain. Log burai par achchai ki jeet dikhane ke liye ravan ke bade putley jalate hain. Log Diwali ki taiyaaree shuru kar dete hain kyonki yah Vijayadashami ke bees din baad aati hai.

This is the tenth day, which marks the end of Navratri for Hindus. This day also celebrates Lord Ram's victory over the demon Ravana. People burn big effigies of Ravana to show the victory of good over evil. Families start preparing for Diwali as it falls twenty days after Vijayadashami.

Durga Puja दुर्गा पूजा

September - October

यह दस दिवसीय हिंदू त्योहार देवी दुर्गा की राक्षस महिषासुर पर जीत को, अच्छाई की बुराई पर जीत के रूप में मनाता है। बंगाल राज्य के भक्त सुंदर पंडाल बनाते हैं, देवी दुर्गा की मूर्तियों को सजाते हैं, और फिर देवी दुर्गा की मिट्टी की मूर्तियों को पानी में विसर्जित करते हैं। महिलाएं लाल और सफेद रंग की साड़ी पहनकर गाती और नाचती हैं।

Yeh dus divasiye Hindu tyohaar Devi Durga ki rakshas mahishasura par jeet ko, achchai ki burai par jeet ke roop mein manata hai. Bengal rajya ke bhakt sunder pandaal banaate hain, Devi Durga ki murtiyon ko sajaate hain, aur fir Devi Durga ki mitti ki murtiyon ko paani mein visarjit karte hain. Mahilayen laal aur safed rang ki saadi pahankar gaati aur naachti hain.

A ten day Hindu festival that celebrates Goddess Durga's victory over the demon Mahishasura as the triumph of good over evil. Devotees from the state of Bengal create beautiful pandals, decorate idols of Goddess Durga, and then immerse clay statues of Goddess Durga in the water. Women sing and dance while wearing red and white sarees.

Diwali दिवाली

October - November

पहला दिन - धनतेरस - त्योहार का पहला दिन घर की सफाई के साथ शुरू होता है। देवी लक्ष्मी और धन्वंतरि का स्वागत करने के लिए लोग सोना, चांदी या रसोई के बर्तन खरीदते हैं।

दूसरा दिन - छोटी दिवाली - परिवार विशेष स्नैक्स तैयार करते हैं और घर को रंगोली से सजाते हैं। परिवार और दोस्त एक-दूसरे को मिठाई और उपहार देते हैं।

Pehla Din - Dhanteras - Tyohaar ka pehla din ghar ki safaaii ke saath shuru hota hai. Devi Lakshmi aur Dhanvantari ka swagat karne ke liye log sona, chaandi ya rasoi ke bartan kharidate hain.

Doosrau din - Chhoti Diwali - Parivaar vishesh snacks taiyaar karte hain aur ghar ko rangoli se sajaate hain. Parivaar aur dost ek doosre ko mithai aur upahaar dete hain.

Dhanteras and Lakshmi Pooja

Chhoti Diwali

Day 1 - Dhanteras - The festival's first day starts with cleaning of the house. People purchase gold, silver, or kitchen utensils to welcome Goddess Lakshmi and Dhanvantari.

Day 2 - Chhoti Diwali - Families prepare special snacks and decorate the house with rangoli. Families and friends give each other sweets and gifts.

हिंदू बुराई पर अच्छाई की जीत का उत्सव मनाने के लिए रोशनी के इस पांच दिनों के त्योहार को मनाते हैं। यह भगवान कृष्ण की नरकासुर पर जीत और भगवान राम के अपने घर अयोध्या लौटने का सम्मान करता है।

Hindu buraai par achchaai ki jeet ka utsav manaane ke liye roshni ke is paanch dinon ke tyohaar ko manaate hain. Yeh bhagvaan Krishna ki Narakaasura par jeet aur bhagvaan Ram ke apne ghar Ayodhya lautne ka samman karta hai.

Happy Diwali!

Hindus celebrate this five-day festival of lights to celebrate the triumph of good over evil. It honors Lord Krishna's victory over Narakasura and Lord Ram's return to his home in Ayodhya.

तीसरा दिन - बड़ी दिवाली - त्योहार के मुख्य दिन पर हर कोई घर के अंदर और बाहर कई दीये और मोमबत्तियाँ जलाते हैं। लोग नए कपड़े पहनते हैं और देवी लक्ष्मी की प्रार्थना करते हैं, जो धन और समृद्धि की देवी है। बहुत लोग रात में फुलझड़ी और पटाखे जलाकर मनाते हैं।

Teesra Din- Badi Diwali - Tyohaar ke mukhya din par har koi ghar ke andar aur baahar kayi diye aur mombattiyaan jalaate hain. Log naye kapde pahante hain aur Devi Lakshmi ki praarthana karte hain, jo dhan aur samriddhi ki devi hain. Bahut log raat mein phulajhadi aur patakhe jalaakar manaate hain.

Day 3 - Badi Diwali - On the main day of the festival everyone lights numerous diyas and candles both inside and outside the house. People wear new clothes and pray to Goddess Lakshmi, the goddess of wealth and prosperity. Many people celebrate by lighting sparklers and firecrackers at night.

चौथा दिन - नया साल - दिवाली के बाद का दिन कुछ परिवारों के लिए नए साल की शुरुआत होता है। कुछ लोग श्री कृष्णा के लिए गोवर्धन पूजा भी करते हैं क्योंकि उन्होंने गोकुल के वासियों को भारी वर्षा से बचाने के लिए गोवर्धन पर्वत उठा लिया था।

पांचवा दिन - भाईदूज - यह दिन भाई-बहनों के बीच के बंधन को मनाने के लिए है। बहनें पारंपरिक रूप से अपने भाइयों को तिलक (माथे पर निशान) लगाती हैं और उनकी लंबे जीवन के लिए प्रार्थना करती हैं।

Chouthaa din - Nayaa Saal - Diwali ke baad ka din kuchh parivaron ke liye naye saal ki shuruaat hota hai. Kuchh log bhagwaan Krishna ke liye Govardhan pooja bhi karte hain kyonki unhonne gokul ke vaasiyon ko bhaaree varsha se bachaane ke liye Govardhan parvat utha liya tha.

Paanchva Din - Bhai Dooj - Yeh din bhai - bahanon ke beech ke bandhan ko manaane ke liye hai. Bahanen paramparik roop se apne bhaiyon ko tilak lagati hain or unki lambe jivan ke liye praarthana karti hain.

Day 4 - New Year - The day after Diwali is the beginning of the new year for some families. Some people also do Govardhan Puja to worship Lord Krishna because he protected the villagers of Gokul from heavy rains by lifting Govardhan mountain.

Day 5 - Bhai Dooj - This day celebrates the bond between siblings. Sisters traditionally put tilak (mark on forehead) on their brothers and pray for their long life.

Bandi Chhor Divas   बंदी छोड़ दिवस

October - November

सिख निस्वार्थता, करुणा और समुदाय के महत्व का सम्मान करते हैं। १६१९ में, सिख गुरु हरगोबिंद सिंह ने ग्वालियर किले से ५२ हिंदू राजाओं की स्वतंत्रता की माँग की थी। अमृतसर के लोगों ने हजारों दीये जलाकर उनके आने का उत्सव मनाया था। लोग इस त्योहार को कीर्तन और पाठ के साथ मनाते हैं।

Sikh niswarthataa, karunaa aur samudaay ke mahatva ka sammaan karte hain. 1619 mein, Sikh Guru Hargobind Singh ne Gwalior kile se 52 Hindu rajaon ki swatantrata ki maang ki thi. Amritsar ke logon ne hajaaron diye jalaakar unke aane ka utsav manaayaa tha. Log is tyohaar ko kirtan aur paath ke saath manaate hain.

Sikhs honor the importance of selflessness, compassion, and community. In 1619, Sikh Guru Hargobind Singh demanded the freedom of 52 Hindu kings from Gwalior Fort. The people of Amritsar celebrated their arrival by lighting thousands of diyas. People celebrate this festival with Kirtan and Paath.

Gurpurab गुरुपुरब   November

सिख धर्म के संस्थापक और पहले गुरु, गुरु नानक देव के जन्म का सम्मान करते हैं। भक्त गुरु ग्रंथ साहिब से धार्मिक भजन सुनाते हैं। लोग पारंपरिक कपड़े पहनते हैं, मिठाई बनाते हैं, सेवा करते हैं, और कीर्तन के साथ कथा करते हैं। वे गुरुद्वारों को सजाते हैं और लंगर परोसते हैं।

Sikh dharm ke sansthapak aur pehle guru, Guru Nanak Dev ke janm ka sammaan karte hain. Bhakt Guru Granth Sahib say dharmik bhajan sunaate hain. Log paramparik kapade pahanate hain, mithai banaate hain, seva karte hain, aur kirtan ke sath katha karte hain. Ve Gurudwaron ko sajaate hain aur langar parosate hain.

Sikhs honor the founder of Sikhism and the first Guru, Guru Nanak Dev's birth. Devotees recite religious hymns from the Guru Granth Sahib. People wear traditional clothes, make sweets, perform seva, and conduct katha with kirtans. They decorate Gurudwaras and serve langar.

Christmas क्रिसमस

December

दुनिया भर में ईसाई और कैथोलिक, यीशु मसीह के जन्म का उत्सव मनाते हैं। लोग चर्चों और घरों को तारे के आकार के कागज़ के लालटेन, पॉइन्सेटिया फूल, मोमबत्तियां, मिट्टी के दिए और रंगीन रोशनी से सजाते हैं। परिवार गिरजाघर सेवाओं के लिए एक साथ इकट्ठा होते हैं, दावतें खाते हैं, और एक दूसरे को उपहार देते हैं।

Duniya bhar mein Isaaii aur Catholic, Yeshu maseeh ke janm ka utsav manaate hain. Log charchon aur gharon ko taare ke aakaar ke kaagaz ke laaltein, poinsettia phool, momabattiyaan, mitti ke diye aur rangeen roshni se sajaate hain. Parivar girjaghar sevaon ke liye ek saath ikatthaa hote hain, daavtein khaate hain, aur ek doosre ko upahaar dete hain.

Christians and Catholics worldwide celebrate the birth of Jesus Christ. People decorate churches and houses with star-shaped paper lanterns, poinsettia flowers, candles, clay lamps, and colorful lights. Families gather together for church services, eat feasts, and give each other gifts.

Match the following

Can you match the festive images shown below to their correct Hindi name?

- पिचकारी
  (Pichkaari)

- पतंग
  (Patang)

- दही हांडी
  (Dahi Handi)

- अलाव
  (Alaav)

- रंगोली
  (Rangoli)

- पटाखे
  (Patakhe)

- हज
  (Hajj)

- घुड़सवारी
  (Ghudasavaaree)

Did you know these interesting facts about major Indian religions discussed in this book?

5 colors in Hinduism that symbolize unique meanings: Yellow (purity, knowledge, and learning), Red (love, strength, and bravery), White (peace and purity); Blue (immortality and bravery), Black (darkness and evil)

5 Vows of Jainism: Ahimsa (non-violence), Satya (truth), Asteya (not stealing), Brahmacharya (celibacy), and Aparigraha (non-attachment).

5 K's of Sikhism: Kesh (uncut hair), Kirpan (short sword), Karha (wristband), Kangha (comb), Kacchera (undergarment).

5 Pillars of Islam: Shahada (profession of faith), Salah (prayer), Zakat (almsgiving), Sawm (fasting), and Hajj (pilgrimage).

Islamic calendar follows the lunar calendar so the exact date for Ramadan and both Eids can vary widely from year to year.

Gow
Illustrator

Gowthami Maruthupandiyan, fondly known as 'Gow' is a well known children's book Illustrator and the founder of 'Vivids and Pastels'. Having collaborated with authors from diverse backgrounds she is well known for her vibrant and magical illustrations. Find her @vividsandpastels to bring your stories to life with a touch of magic.

@vividsandpastels

Aditi
Editor

A prolific author, Aditi Wardhan Singh is also the founder of RaisingWorldChildren.com Writing bilingual books, working towards inclusivity and teaching Hindi to kids, form the foundation of her experience with translating books. You can find her @raisingworldchildren

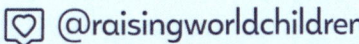
@raisingworldchildren

Anuja
Author

Anuja Mohla, DO, MBA is a physician who has turned into an award winning author with her books on Indian culture. She aspires to help young parents teach the next generation about their native language and heritage. Follow @ApniHeritage for more resources on raising multilingual and multicultural children.

@ApniHeritage

www.ingramcontent.com/pod-product-compliance
Lightning Source LLC
Chambersburg PA
CBRC091453160426
43209CB00023B/1881